# Los clavos de Ovidio miran las estrellas

Alicia Louzao

# Los clavos de Ovidio miran las estrellas

## Alicia Louzao

Edición limitada y numerada de 300 ejemplares

107

COLECCIÓN PIEZAS POÉTICAS

Primera edición, mayo 2025
©Alicia Louzao.

**Prólogo:** Mariano Peyrou

**Ilustraciones interiores y de portada:**
©Alicia Louzao con la intervención de Andrea López Montero.
**Guardas:** Andrea López Montero
**Fotografía Brasilia Club:** Emma Pedreira
**Fotografía de la autora:** Jaime García Herranz

**Edición:** ©Piezas Azules, editorial independiente
piezasazuleseditorial.com

**ISBN:** 978-84-129256-5-4
**Depósito legal:** *M-8579-2025*

Impreso en Estugraf, Ciempozuelos.

**Piezas Azules** llamábamos en nuestro lenguaje a los proyectos locos que se nos ocurrían. Eran proyectos con los que nunca nos haríamos ricos, con los que posiblemente nos hiciéramos más pobres, pero eran tan bonitos que tenían la vocación de no quedarse para siempre en el terreno de los sueños.

# ¿QUEREMOS SEPARAR LA LUZ DE LAS TINIEBLAS? ¿PODEMOS SEPARARLAS?

Se demuestra aquí —como demuestra las cosas, a veces, la poesía— que la luz y las tinieblas no son cosas distintas. Podemos separarlas en la mente, pero no en el cielo. O podemos separarlas en el cielo, pero no en el cielo de la mente. O podemos separarlas en la luz, pero no en las tinieblas.

O se demuestra aquí que podemos y no podemos hacer algunas cosas, igual que existen la luz y las tinieblas, igual que la luz y las tinieblas se alternan y se solapan, se odian y se aman, y demuestran que mirar incluye imaginar y ver.

Las palabras de Alicia Louzao parecen surgir de esa zona de la mente donde la luz y las tinieblas no se oponen, no se alternan; una zona donde el ritmo no tiene que ver con los conceptos, sino con el cuerpo, con el miedo, con la alucinación y la sed. La vida interior está fuera, elevarse y caer se confunden: «piensan en el mar los que no lo tienen cerca», se eleva lo que cae, se acerca lo que está lejos, las palabras de Alicia Louzao parecen devolver la mirada y las cosas miradas a un lugar en que nunca estuvieron, parecen reconocer cosas no conocidas, nos descolocan haciéndonos dudar si hemos estado dónde o si dónde hemos pensado estar.

Mariano Peyrou
Enero, 2025

Para Jaime,
y dejo un espacio para que él sepa que es para él
mismo.
Y para Hesíodo,
que lo empezó todo.

## LOS CLAVOS DE OVIDIO MIRAN LAS ESTRELLAS

Los antiguos colocaban a sus dioses y héroes en el cielo, prendidos como si manejasen alfileres o clavos y preparasen una colección de los muertos más destacables, o aquellos famosos, o aquellos que simplemente tuvieron una muerte injusta y su premio fue elevarse hacia la noche. Imagino la cajita de alfileres o clavos, brillantes, las manos de los mortales trabajando con antorchas, la noche cerrada sin luces pero los brillos de los muertos, siluetas de constelaciones que nos observan dormir.

Los antiguos colocaban a sus dioses y héroes en el cielo como una colección de insectos luminosos.

Por eso no es absurdo creer que la inmortalidad empezó en las estrellas.

Las estrellas empezaron a hervir por todo el cielo
Ovidio, *Metamorfosis*

Si muriendo yo pudiera
ver el brillo de tus ojos
Ralphie Choo y Rusowsky, *Gata* en *Supernova*

Dios puso las estrellas en el firmamento del cielo
para iluminar la tierra, para regir el día y la noche y
para separar la luz de la tiniebla
*Génesis*


El ojo finge lo que no ha visto.
Así como los lugares y el abandono
con los ojos curiosos que los habitan.
Unos pies de puntillas asoman sobre la piedra
    seca y el resto es ceniza.
El resto es ceniza.
El ojo finge lo que no ha visto.
Jack Torrance en una montaña de arena
    remando con los dedos helados.
Así como los lugares y el abandono:
con los ojos curiosos que los habitan.

El ojo finge una luciérnaga que se abre nocturna
    antes de los caminos que conducen a la gema
    y a las estrellas.
Y los pies de punta.

El resto es ceniza.
El resto es ceniza.

En un lugar lleno de agua y de lluvia aparecen
la puerta y las palmeras. Brasilia Club
Pontedeume podría parecer prometedor
destino: botellas de cristal y huellas
dactilares.
El resto es ceniza.
El resto es ceniza.

Así como los gatos que sólo viven sin
posibilidad del párpado
los curiosos absorben el frío de la ventana y el
polvo,
dedos amarillos,
mucho tiempo que perder,
un millón de dólares por entrar aquí: oler
el abandono en el diamante.
Creo en todos los fantasmas que poblaron
una vez la tierra
y el Brasilia club Pontedeume.
Desde Aristóteles hasta Sid Vicious y Rosalía
de Castro apoyados en la misma barra y
en los vasos las mismas palmeras. Quién
me puede negar lo que no se ve.

Así como los lugares y el abandono.
Y los ojos curiosos que los habitan.
Los pies de punta.

El resto es ceniza.
El resto es ceniza.

# I

# HACIA LA NOCHE

*quiero elevarme entre las estrellas*
Ovidio

Cuando murieron todos los dioses y los
    mortales que se acostaron con los dioses y
    aquellos que fueron asesinados por debilidad
    o rebeldía
o sencillamente
mala suerte
muchos acabaron colgados del cielo de la
    noche.

Como el alfiler que coloca primorosamente y
    con cuidado
la abeja, el escarabajo, la mariposa
en un corcho expositivo.

Así todos ellos
exhibidos con orden y gracia:
estelas brillantes.

No será ese nuestro destino
pero desde abajo mantendremos abiertos
    los ojos
aunque no quepan todas las tumbas dentro.

Estelas brillantes.

## UNA TEORÍA DEL COSMOS

Dice la web del Planetario que actuarán para
nosotros reunidos los *seres vivos que*
*prosperan sin necesidad de la luz solar,*
*la presencia de un océano o la existencia de*
*una atmósfera.*

Y separó Dios la luz de la tiniebla.

Con la mano arrastrando lo más lúgubre:
descanso del hueso,
el interruptor de la luz.

El rastrillo de juguete sobre la arena:
así creen algunos que comenzó todo.

No sé si alguien se acordó de los *seres vivos*
*que prosperan sin necesidad de la luz.*
Pequeños fragmentos rebeldes que el ojo no
ve porque no se ve lo necesario que oculta la
mano.
Escatología mayor.

Hiciéronse se dijo dos lumbreras grandes:

la lumbrera mayor para regir el día, la lumbrera
menor para regir la noche; y las estrellas.
Las puso en el firmamento e iluminó así con
la magia misma la misma tierra, para regir el
día, para separar la luz de la noche.

Una fina línea de purpurina *Special Stellar*:
separación de bienes o iridiscencia absoluta.

Descanso del hueso,
y el interruptor de la luz.

El rastrillo de juguete sobre la arena y así creen
algunos que comenzó todo.
Escatología mayor.

## CORIFEO

*El espacio como un álbum enorme para
rellenarlo de fotos.*
*El espacio como vestido negro de Barbie
princesa.*
*El espacio como un bizcocho y unas varillas
para montar nata.*
*El espacio como una bañera no hay suficiente
espuma.*

## COHETE Y EL DISPARO
## EN LO OSCURO

El viaje estará lleno de peligros.
El zapato sobre la hierba y las bocas secas con
    la mano temblorosa. *Cumbres de Gredos.*
El viaje estará lleno de peligros.
Lleno de peligros.

Tres chicas como tres frutas sentadas en
    fila. Podrías haber elegido una. En el cuello
    prenderla. Con la lengua
probarla.
Por los huecos el tiempo que no pasa
sino que se mantiene estirándose retirado y
    lejos del ruido.
Góngora extático con un papel en la mano y
    sobre su cabeza la otra mano y los ojos en
    la fila de las tres frutas sentadas con los pies
    calmados. Todo el cansancio.

El viaje lleno de peligros.
Lleno de peligros.

*Cumbres de Gredos* y en los hombros las luces
    de la noria de terciopelo y radiación amarilla,
en los brazos la amenaza de una fecha que se
    tatuarán cuando sean mayores y piensen que
    no hay otra salida o que los números son
    fácilmente olvidables.

*12 de mayo. 16 de marzo. 23 de febrero.* Y en
   los cuellos los números primos mientras
   sucede el viaje que
–nos dijeron–
estará siempre lleno de peligros:
lleno de peligros
de maldiciones en la nuca con una luz en la
   mano,
de gasolina,
dinamita,
ácido hialurónico,
Góngora extático considerando que las tres
   chicas como tres frutas qué bien
   quedarían prendidas en su cuello. Oda a la
   impermanencia.
No sé si esto se llamará envidia.

Yo una vez también reiné sobre el árbol y
   corona de flores. Y Leyre. Y Ana. Y mi
   madre. Y la madre del chico que doma
   culebras con un palito pequeño.

El viaje lleno de peligros. El calipo de fresa que
   era también el mismo pero el rostro tranquilo
   de los que todavía siguen siendo niños aunque
   tienen los pulmones llenos promesas cubalibre.
No sé si esto se llamará envidia.

Era el mismo viaje. Teníamos los mismos
   peligros. Pero ellas estaban lejos insertadas en
   el cuello de Góngora y Leyre se doblaba

sobre las cosas y yo que recordé que el oro no
me daba alergia y que no creía tan
fuertemente en los héroes como ahora.
Y que tampoco elaboré nunca listas de la
compra.
Ni creía en los tenis blancos con pantalón
de chándal. Ni en las maldiciones, ni en la
gasolina,
la dinamita,
el ácido hialurónico.

No sé si esto se llamará envidia.
El viaje estará lleno de peligros.
–nos dijeron–
Lleno de peligros.

## GÉNESIS *MADE IN SPAIN*

Cuelgan estrellas del cielo:
antes de proclamarse anillos para la reina que se
   despierta tarde, infusión de menta y Tosta Rica,
   abre la caja de oro de Pandora la otra,
   se coloca las incrustaciones robadas y
   mira por la ventana y nos señala y le damos
   las gracias –gracias– porque nos permite
   un poquito tener luz.
Pero ahora viene la historia.

El rey era rey porque sabía cómo hacerlo.
Regalos de ciervos blancos,
flores negras de seda de oro,
monitos de ojos azules como mares
   mediterráneos.

El rey era rey porque sabía cómo hacerlo.

La reina saludó a su esposo luz de los ojos
   con los dedos poblados de joyas
que se cayeron
y se cayeron
por la ventanita desde donde se reía de
   la oscuridad terrible
que tenían los hombres allí abajo.

Anillos de plata esparcidos por el cielo.
Anillos de plata esparcidos por el cielo.

Llegó a la tierra el llanto con la forma de
    salvajes olas
cargaditas de agua dulce,
cargaditas de agua salada.

Y se crearon los mares más peligrosos
que se llevan familias que no entienden
que los océanos no aceptan flotadores de
    flamencos.

Y se hizo la luz más absoluta.
Y se cargaron los árboles de fruta morada.
Y de las piedras los lagartos.
Cosmogonía para *dummies*.

Y se hizo la luz más absoluta.
Quién no puede crear así un mito.

# PEQUEÑO HOMBRE PEQUEÑO

Cerré los ojos y vi al hombre pequeñito.
Esto fue mucho antes del fin de los planetas y
    de la existencia de los Power Rangers y de las
    *Metamorfosis.*
Un hombre pequeñito que contenía tres
    constelaciones. Un tío vivo. Un reloj de
    aguja. Una tristeza en el ojo como un camello
    que nunca pasó por donde aconsejó Jesucristo
    caminar despacio y de puntillas.
Prometo que yo
*vi al hombre pequeñito.*

Puntos luminosos.
Con los ojos cerrados y toda la oscuridad allí
    fuera.

No nunca
comprendes del todo lo real y lo que los dedos
    tocan: los ojos cerrados y toda la oscuridad allí
    fuera.
Y el ruido.

Puntos luminosos.

El hombre pequeñito vivía en una concha
    pequeñita. Una oda al agua en la garganta que
    hacía burbujas y glu glu glu como los peces
    que no bebían absolutamente nada en el río.
Absolutamente nada.

Sino que miraban a Cristo.
El hombre pequeñito me observaba en traje
   de chaqueta.
La playa estaba en sus pies y era pequeñita
   como él lo era. Así como una cabina y
   el hombre dentro y el agua enfurecida y él
   con sombrero y traje de chaqueta.
Sólo lo vi con los ojos cerrados.

Puntos luminosos.

Cuando las cosas están dentro no puedes
   sacarlas con clavos ni con cuchillito de plata
   ni con una amenaza en el aire puño cerrado.

Cuántas cosas pudo haber visto el hombre
   pequeñito en mi cabeza.
Lo que le ocultamos al psicotécnico y lo que
   le ocultamos al chico que nos trae el desayuno
   y tropieza en el camino.
Llevaba fuegos artificiales en el cuello que
   rodeaban la playa pequeña dentro del hombre
   pequeño.
Desconozco su función.
Pudo ser el viajero que cayó con el primer
   cohete o el náufrago elegante del que todo
   el mundo se reía hasta que pudo sobrevivir
   en la tierra lisa, cemento y arena.
Cuando abrí los ojos él no estaba.
Prometo que yo
*vi al hombre pequeñito.*

Puntos luminosos.
Las cosas que quedan dentro
son las que realmente nos miran.

Como una raíz en el pico de un pájaro.
Como una mentira en un grano de sal.
Como el hombre pequeñito en la playa
pequeñita
con su traje de chaqueta.

# LA COSTILLA DE PONTEDEUME

Del cielo cae una costilla:
Emma tiene los ojos verdes y dos hijas de bocas
    abiertas.
Desea cementerios como el que desea centros
    comerciales y agarro con los nudos la idea
    que estalla.
Aquarius y empanada de pollo y coches
    metálicos y feria de ropa sin cuerpos
ropa sin cuerpos
que flota en el aire.
Emma tiene los ojos verdes y dos hijas de bocas
    abiertas.
Caminamos hacia la entraña y la tierra que
    escupe.

Benditos los cementerios como refugio,
nunca hay nadie pero están todos.

Cúmulos de tierra en las esquinas. Me dice:
*¿Sabes lo que es todo eso? Lo que ya no cabe.*

Le doy la mano a él,
*que está a mi lado*,
y noto los hilos que tensan mis dedos:
sistema nervioso de los infiernos,
no me falles no me falles porque a él,
creo,
es a quien deberíamos rezarle antes de acabar
    los días en el cúmulo de tierra de aquellos que

ya no nunca caben en el espacio pequeño
del camposanto de Pontedeume.
Siguiendo el puente de piedra.

Cae el sol porque alguien le ha disparado.

Se escucha la piedra temblar debajo de la tierra.
Cúmulos en las esquinas de lo que ya no no
    cabe.

Cae una costilla del cielo:
sobre la hierba se retuerce como boomerang
    e intentamos fuertemente imaginar en dónde
    encajaría.
Rellenamos el hueco como la ropa que cuelga
en la feria de la plaza.

Un animal pequeño o un bebé:
ambas opciones son posibles.

En el agujero musgo: más restos.
Todos huesos de animal pequeño o bebé:
ambas opciones son posibles.

Llevo la costilla en la bolsa. Él que está a mi
    lado escribe en la boca: *sacrilegio.*
Los restos de este lado como algo precioso,
estrellitas blancas que rayaron el cielo.

Temo la policía de lo sagrado. Vestidos con
túnicas inmaculadas. Lanzando maldiciones
    como el que dispara aceitunas.

Soy una cobarde de la mitología.

Vuelvo al hueco y meto la ficha.
Costilla o boomerang que estuvo en mi bolsa
   al lado de la botella de agua y al lado de la
   barrita de muesli.

Caminamos hacia la entraña y el silencio.
Benditos los cementerios como refugio,
nunca hay nadie pero están todos.

Cúmulos de tierra en las esquinas.
Soy una cobarde de la mitología.

# CORIFEO

*El espacio como sombrero de príncipe pequeño.*
*El espacio como promesa de tormenta.*
*El espacio como una pizza familiar.*
*El espacio como antítesis o paraguas.*

# EN EL NOMBRE DEL AGUA

Cae el agua.
Cae el agua.
Cae tantísimo el agua
que podría abrir la boca allá abajo en donde
   entierran las flores
y el campo se secaría
y la tierra se secaría
cristalitos en el aire con forma de papel
y cristalitos en el aire de pestañas.

Cae el agua.
Cae el agua.
*E nin sequera ti podes parala.*
Manos blancas de paloma que busca olas
   a través del pico
manos blancas de plumas eléctricas a la última
   moda
y eye liner.
Calle de la Virgen de los Peligros.
Las promesas de la noche también se entierran
   en el agua
allá abajo en donde las flores.

Con ese poder mágico de libro de texto de
Historia
y con las novedades de estée lauder
y con la colonia barata del Gadis.
Nada no nunca la detendrá.

Arrastrará las piernas
se rajará los ojos
se tocará los dientes
moverá su barca allá abajo en donde entierran
	las flores.
Esqueleto difuso y transparencia límite.

Yo me quedo mirando desde dentro
el puño
que ella se vaya,
que ella se vaya.
Un rezo como cristalitos en los picos de la boca
a la Virgen de los Peligros.

Cae el agua.
Cae el agua.
Cae tantísimo el agua.
Allá abajo en donde entierran las flores y las
	manos que tocaban las flores y las semillas
	que nunca serán nunca
el auténtico comienzo
de las cosas.

Cristalitos en el aire de papel.
Cristalitos en el aire de pestañas.

# REGISTRO DE LAS COSAS
# IMPORTANTES

Cosas importantes con lazo amarillo cruz en la
    mano.
Un camión de pesados paquetes importantes.
¿Cuántas fueron las veces que empleaste
    el adjetivo más famoso que rellena cualquier
    emparedado de pan Bimbo?

La boca llena de gusanitos
la boca de papel
la boca de hielo.
Cosas importantes con lazo amarillo cruz en
    la mano.
Células de mocos y de ruido con cadenas y
    de grieta,
grieta abierta de un vientre de flores y
    gusanitos.

La boca de papel.
La boca de hielo.

Cosas importantes de los diez años en el libro
    Edebé o en una caja de madera,
óxido cristalino.

Fieles a la puntuación y la ortografía (.)

Pero el vientre de flores y gusanitos y una grieta
    de óxido

en el justo medio,
donde se acaba la ola llena de agua
y de sal
y de agua.

Cosas importantes con dientecitos y apuros
  alfabéticos o cosas importantes como el
  alquiler y la misa o la Virgen y los
  pronombres.

Observo su cambio y me llevo las manos punto
  de oro como el trol de la buena suerte pero
  aquí no hay piedra rosa brillante ojo de ser
  mágico esmeralda de la Castafiore. Sólo frío
  finito que esquiva el oro cruz en la mano.

Cosas importantes suenan a caudal de agua
  corriente y lavanderas con los puños cerrados.
  Ese torrente sobre el que se suben las aves y
  picotean
  picotean.

Teclas de dedos largos sobre el ordenador que
  dicta la difícil tarea de las cosas importantes
  con lazo amarillo. Siempre con lazo amarillo
  que esquiva el oro cruz en la mano.

Un vientre de gusanitos y flores azules debajo
  de las manos que no esconden el ombligo de
  un trol del tesoro de la buena suerte ni las
  joyas de la Castafiore.

Las aves y las olas que llegan del agua
y la boca de hielo
y la boca de hielo

y puede ser quizá yo así escondida sobre y entre
    la arena sólo frío finito que esquiva el oro
    cruz en la mano lacito amarillo
y las cosas importantes tan pesadas y tan lejos
    y tan llenas de sal
y el vientre con flores
y las manos que tocaban las flores
y la hierba fresca.

y la boca de hielo.
y la boca de hielo.

# CANCIÓN DE AMOR A TU CARA
## EN LA NOCHE CURSI

Si los dioses no le temen a la muerte no
   entiendo
qué haces tú aquí temblando,
frágil hoja melodía transparente de agua dulce
dulcísima
que circula en el aire como estampida.

Si los dioses no le temen a la muerte no
   entiendo
qué haces tú aquí temblando,
juegos de game boy en las noches azules
como flores de plástico en la sala de espera.

Todos los muertos tienen tu cara,
porque es esto lo que yo te deseo:
que vivas muchos años y yo te vea
en las noches azules como flores de plástico.
Recojo por si acaso los maleficios con una
   escoba limpia.

Si los dioses no le temen a la muerte no
   entiendo
qué haces tú aquí temblando.

# II

# LOS CLAVOS DE OVIDIO
# MIRAN LAS ESTRELLAS

*Si el cielo es donde acabarás*
Ralphie Choo

# COMPOSTELA

Mi padre me dice: *la gente confunde*
   *Compostela y explica que significa "campo*
   *de estrellas" y no, no*. Compostela procede de
   *compos*, es decir: lo muerto, el cementerio. Es
   una catedral, hay muertos enterrados en ella.

Un clip es un recuerdo que sostiene dos folios
   unidos.
Mi padre despierta y habla y repite que la
   cursilada de las estrellas es falsa, equivocada.

Qué manía con llenarlo todo de purpurina.
*Special Stellar. Space of Love.*

La catedral se alza rotunda cuando su nombre
   apunta a su barriga,
todo lo que contiene,
la regurgitación de la tierra resultaría en
   una población de huesecitos.
Pura escatología.

Qué manía con llenarlo todo de purpurina.
*Special Stellar. Space of Love.*

Existe gente que visita los lugares de descanso
   y no pisa las tumbas.

La etimología como bisturí de médico que abre
   las tripas de una palabra

que no es palabra
sino realidad.
Saussure aceptando todo y recogiendo
    los huesecitos que vienen
de la regurgitación de la tierra. Pura escatología.
La etimología como jarabe.
La etimología como cuchara en la boca.

Mi padre me dice: *escatología significa*
    *el estudio de las cosas finales, pero también*
    *significa principio. Lo escatológico implica*
    *el estudio del reino de Dios en la religión*
    *cristiana.* Es lo último, incluido lo que
    defecamos, y el principio.

Un clip es un recuerdo que sostiene dos folios
    unidos.
Mi padre despierta y habla y sienta en una
    misma mesa a Dios y a las heces. Y tiene
    sentido.
Etimología como pócima de fresas y licores.
Etimología como cataplasma dorada.

Los muertos de Highgate.
Y el espacio.
Los muertos de San Andrés de Teixido.
Y las estrellas.

Todo aquello que fue enterrado subiendo hacia
    los agujeros negros:
huesecitos debajo de los pies.

# METAMORFOSIS

La ola sobre la ola:
la primera ola muerta.

Caían años como circunstancias.
No lo dijo exactamente así Ortega y Gasset
detrás de un escaparate de Navidad y fumando
    una pipa de hielo,
pero caían años como circunstancias.

La ola sobre la ola sobre la ola:
y la primera ola muerta.
Se iban empujando
y caían los años
mientras la chica corre con pantalón deportivo y
    la persigue el invierno
la hora de comer
la ducha
el cuidado corporal
los siete libros sobre la mesa
la lista de la compra
enero febrero y marzo.
Todo esto nada tiene que ver con ella.
En un cómic que venía con el pan como vienen
    aún los bebés en las ciudades donde no llegan
    los trenes
un año crecía a partir de un huevito como forma
    libre:
morfológicamente,
y el otro año le daba la mano cruzada de venas.

No lo dijo exactamente así Ortega y Gasset
con una bata cerrada y seguro de su existencia
pero la chica era mucho más rápida que
   los pensamientos lilas los pensamientos
   azules el rayo de Júpiter en Sémele
   la melanina que cubre el espanto:
tenía la seguridad y las agujas.

La ola sobre la ola y sobre la ola:
la primera ola muerta.

Los años caían como circunstancias
cristales de lluvia.

Ella en el tablero corría en zapatillas Adidas
y recodaba a Clark Gable y a la polly pocket
   frambuesa,
y tenía pendientes dos pedidos por correo.
Y los años caían como circunstancias.

La ola sobre la ola sobre la ola:
y la primera ola muerta.

## SAN XURXO RESUCITADO

Es tarde para que sea de día pero nadie quiere
   que se oculten las cosas
por eso en el agua de cristales un punto negro
   se esconde.

Se esconde.

Zeus o algo parecido si es que Zeus no está
   muerto no había azotado la melena. Alguien
   disparó al sol y el sol se puso triste.

Peligro de extinción son palabras para
   tomárselas en serio.
Él recoge el puntito negro que se esconde
con esa metodología que sólo tienen los
autistas,
la delicadeza de los santos,
y me dice que peligro de extinción son palabras
   para tomárselas en serio.
Crisálida de vidrio.

En la playa de San Xurxo tan sólo quedamos
   dos personas que arañan la arena para
   encontrar el pequeño muerto y empiezan
   a labrar cábalas de esas que son cromos
   esparcidos por la mesa.

Quizá un golpe de viento.
Quizá la historia de Ícaro.
Quizá el alimento de un gato.

Pero si llego hasta aquí y recojo al insecto que
   estaba enterrado en la arena es porque se
   movió un poquito,
como uno se mueve entre el sueño.

Fue una resurrección en voz baja.
Como el pez de *Kill Bill* pero al revés.

Aquí no estaba Jesucristo ni tampoco estaba
   Lázaro pero creo que hubo religión y hubo
   asombro.

Zeus o alguien parecido si es que Zeus no está
   muerto azotó su melena y se hizo de noche.
En el agua de cristales un punto negro se
   esconde.

Se esconde.

# ESCILA

Los que no tienen el mar cerca están todo el
   tiempo pensando en él.

Como si así pudieran traerlo a sus manos.
Como si así pudieran pisar peces de plata
como si pudieran lanzar sus ojos al agua
como si eso fuese una ofrenda suficiente.

Los que no tienen el mar cerca están todo el
   tiempo pensando en él.
Pero aquellos que nacimos dentro del grito
   de las gaviotas cuando no encuentran su ola
   particular o su velero de neumático Opel
   Corsa,
que nacimos dentro de los ojos que miraban
   el mar como los que miran el tiempo que pasa
   dentro de la circunferencia de un botón o del
   polvo,
no pensamos en el agua.

Necesidad de algo que no pertenece.
Porque no hace falta lanzar los ojos al agua para
   saber que está cerca aunque no esté del todo
   ahí.
Aunque no lo encuentres en una toalla, metidito
   dentro, enrollado como una serpiente que
   contiene un secreto y un diente de hombre
   que se aproximó demasiado.

Los que no tienen el mar cerca están todo el
  tiempo pensando en él.
Como si eso fuese una idea romántica.
Como si eso fuese una definición.
Como si eso fuese una ofrenda suficiente.

Yo no tengo agua en los bolsillos así que
  la necesito. No el agua de una tina espumosa,
ni el agua de un charco con plumas blancas,
ni el agua de una gotera que resbala por la
  frente,
esa agua tibia de los vasos en las terrazas.
Los que no tienen el mar cerca están todo el
  tiempo pensando en él.
En bidones de gasolina con whisky y en
  collares de Polinesia. En vestidos ibicencos,
  arena en la boca. El bus a la playa. La foto en
  bikini.

Yo no piso peces de plata porque eso está
  prohibido,
ni tomo helados en la orilla como si quisiera
  acostarme en el verano plegando sus noches
  sobre mi espalda.

Pensamos en el agua como un elemento de
  la tabla periódica
pensamos en Escila rugiendo y señalando
  barcos pesqueros
pensamos en las cáscaras y en la huella y
  sobre todo en un vasito que contiene dentro
  los elementos de la tabla periódica:

una casilla o un bloque de hielo pero el agua
   siempre entre las células o los átomos que son
   *personas* en el idioma antiguo.
Muchísimos átomos lanzándose al agua.
Muchísimos átomos dentro del agua, gritando,
   bocas llenas de conchas y de dedos de otros
   que una vez pensaron que todo esto era una
   idea romántica. Escila y su átomo sacrosanto
   de mujer corriendo debajo del agua.

Los que no tienen el mar cerca están todo el
   tiempo pensando en él.
Como si eso fuese una ofrenda suficiente.

# TRECE AÑOS DE VERGÜENZA

Ay qué vergüenza.
Una niña desnuda cruzando el patio.
  Qué vergüenza.
Una voz dentro de la chaqueta y unos botones
  que cerraban el cuello mientras gritaban: pero
  qué vergüenza. La primera lección siempre es
  la más terrible. Génesis. Libro primero.
Una casa sobre el tejado de otra casa que
  no estaba.
Un pájaro en la puerta.
Ay qué vergüenza.
Braguita de mariposas en la piel fría. Una
  casa dentro de otra casa y la niña que seguía
  cruzando el patio. Y la madre que gritaba. Y
  el pájaro en la puerta.

Aquel que no te menciona es porque no
  desea que estés precisamente en su cobijo,
  sosteniendo la copa, hablando bajito, dentro
  de la chaqueta y unos botones que llegaban
  al cuello mientras otro gritaba: pero
  qué vergüenza.
La misma vergüenza o parecida.
Una niña desnuda cruzando el patio.
Una casa sobre el tejado de otra casa y un bebé
  que se rompe en dos en la barriga. Problemas
  para crecer. Ansiedad. *Delirium tremens*. Ay
  qué vergüenza.

Una casa cubierta de ojos y un pájaro azul en
    la puerta de ese azul que quema la boca de ese
    azul que se cae del agua
que llega a los centros
y que se queda.

Mejor estar calladita, morderse las uñas, saltar
    a la comba en la punta de la montaña más
    alta y ver que allí abajo todos están
    temblando. Ansiedad. *Delirium tremens*. El
    chico que no dice tu nombre en plena edad
    adulta. La crema antiarrugas. El abrigo de
    lana. Tú que no dices mi nombre porque es
    mejor aparecer en los reflejos del pájaro que
    continúa en la puerta. Allí abajo todos estaban
    temblando. Génesis. Libro primero. La niña
    que cruza desnuda el patio y la madre que
    dice:

Ay qué vergüenza.

## DOMINE DEUS

Es domingo y se duerme porque el domingo
  está dormido.

Cabecita reposa sobre alfombra de pelo.
Pequeño cronopio de seda con ladrillos en los
  pies.
Con ladrillos en los pies.

Pide perdón y pide paciencia,
cinco vírgenes porque está santificado,
cinco posibles menús semanales,
cinco uñas arando los restos de aquellos días
  mejores.

Es domingo y se duerme porque el domingo
  está dormido.

Niño tonto que pide agua
pequeño cronopio con ladrillos en los pies.
Con ladrillos en los pies.

En su estómago la célula gesta el peor de los
  días.
Pide perdón y pide paciencia.

Cinco uñas arando los restos de aquellos días
  mejores
cinco posibles menús semanales,
cinco vírgenes porque está santificado.

Es domingo y se duerme porque el domingo
está dormido.

## ESCALA MUSICAL

Pitágoras compone la melodía concreta
recogiendo los pedazos que dejó caer la reina
  descansada
como cuerdas pidiendo ayuda.
como cuerdas pidiendo ayuda.

Y una a una las piedrecitas
disparan destellos limpios
que recogen los ojos del sabio Pitágoras que
  ahora compone la melodía concreta.

Nadie cerrará los ojos.
Cuerdas pidiendo ayuda.

La noche es el lugar del descanso y en este lado
  de la costa Dios bostezó tres veces
como tres veces se dijo su propio nombre.

Pero precisamente cuando todos duermen se
  produce el milagro:

y así van deslizándose las piedrecitas
que disparan destellos limpios
que recogen los ojos del sabio.

## ALLÁ DONDE VAN A PARAR
## LOS MALOS

Cuchillo finito con la mano firme. Ovidio con
  martillo sobre la tierra.
Lo que importa es el preciso corte del espejo.
Nadie pide ser un personaje de Shakespeare
o una pestaña en el ojo,
pero todos tenemos un papel.

Lady Macbeth acostada sobre su propio reflejo.
  Ojos amarillos. Cuello largo. Sombra de la
  sangre que no la sangre. Y la culpa.

–Vamos a Plaza de España. Apuestas. Lotería.
  Dejo atrás el cielo azul y la costa dorada. No
  me arrepiento porque eso es para débiles.

Cuchillo finito con la mano firme. Ovidio con
  martillo sobre la tierra.

No conozco exactamente el precio de la huida.
Pero sé que la puntualidad es importante.
                              Llevarás todas las flores.

Línea tres con Marqués de Vadillo. Plaza de
  España. El corte del espejo que despedaza
  con la fuerza de una uña esmaltada en *Special
  Stellar*. Color de las flores que se olvidan. Y
  el de los ojos de Elizabeth Taylor
según aquellos que no la conocieron.

Lady Macbeth no eligió el cuchillito fino con
la mano firme. Una falda lisa. Una tarta de
manzana. El póster en el baño. El amor por el
queso.
La vida fácil.
Saca un bote de leche condensada de la maleta.
En toda huida es necesario azúcar. Esto pocos
lo saben.
Mete el dedo y la espesura llega a la lengua.

Sólo es Lady Macbeth sin nombre propio y un
bote de La Lechera. Una chica que sostiene
una jarra sobre la cabeza como la figura de la
reina que sostiene su gobierno de dientes
sobre los ojos grandes y llenos de rabia.
Pero dormidos.
Pestañas negras.
Para la huida es necesario *American Tourist*.
Leche condensada. Zapato cómodo.
Pasaporte. Monedas. Tiene muchos años pero
no los parece y eso es lo que quieres oír
cuando llegas a esa edad indeterminada.
Dentro de la chaqueta lleva un corazón azul
de algodón suave que tiembla cuando hace
frío y que se calienta con la mano adecuada.
Que no que nunca es la de ella.

Marco Aurelio le dio consejos. Pero prefiere
escuchar a C. Tangana y correr por el bosque
con sudor en la frente y la maleta *American
Tourist*. Sabe que en la huida sobre todo
nada queda.

Segundas oportunidades en la ciudad extraña
que huele a que no llega la lluvia. Polen en la
nariz y toda la rabia del desesperado que tiene
hambre. Mucho azúcar. Cabeza sobre el corte
del espejo. Ovidio con la mano abierta. Un
clavo entre los dedos y el temblor oportuno.
La boca con la respuesta que cuelga un poquito
como baba y como espuma.
No eligió la vida fácil.

Desconozco el precio de la huida.
Pero sé que la puntualidad es importante.
Todos estarán mirando: tú también podrás
mirarlos.
                              Y llevarás todas las flores.

# CORIFEO

*El espacio como Eric Idle agitando un bastón.*
*El espacio como Marilyn buscando lápiz de*
  *labios.*
*El espacio como Sócrates llorando en una*
  *esquina.*

## EL OTRO LADO DE *RAINBOW BRITE*

Existe una hora en la que no se distingue en qué
  lado permanecen los hombres.
Justo donde permanece el reverso o cara oculta.
Nadie caminará tranquilo.

Equilibrio perfecto de pies de arena.
Tu nombre como puño de oro.
La cabeza y la posibilidad de la caída,
como creían los antiguos galos de Goscinny.
Y el suelo. Pero esto es el exacto reverso y la
  cara oculta porque existe una hora en la que
  no se distingue en qué lado permanecen los
  hombres.

Como muñeca Barbie submarino amarillo.
Como jarra recibiendo tierra. Como libro que
  sacude las palabras sobre botones de
  hormigas.

Nadie caminará tranquilo.

Rainbow Brite con falda de astronauta. Bicho
  blanco que te lleva por el cielo como
  helicóptero blandito.
Nadie caminará tranquilo.

Existe una hora en la que no se distingue en
  qué lado permanecen los hombres. Y tambalea
  la posibilidad de la caída

allí donde llegan los ojos pero no las manos
    ni tampoco la lengua se abre la puerta de una
    nube gominola y la Rainbow Brite segura de
    sí misma,
como un ministro de ciencias políticas
sentado en una silla de polvo y sueño y la sed
    de los justos y los pecadores.
Nadie caminará tranquilo.

Munch y la sangre Stendhal las palomas en
    los ojos de la Santa de todos los Milagros y
    canciones medievales.
Descenderás boca abajo y un puño de oro con
    tu nombre cerrará los dedos como lo más
    precioso que encuentra un niño en su bolsillo.
Ángeles y trompetas.

Estarás en la cara oculta porque existe una
    hora en la que no se distingue en qué lado
    permanecen los hombres.

Descenderás boca abajo y un puño cerrará los
    dedos como lo más precioso que encuentra un
    niño en su bolsillo. Ángeles y trompetas.
Nadie caminará tranquilo.

# LUNA ROJA SOBRE CIELO ESTRELLADO

El único ojo que mira
a todos los ojos que la miran.

Cánticos a la luna prendida como cinta en
    el rostro. Consumidora de sushi. Chincheta de
    plata. Hija de dioses. Ay, los peces de agua.
Un cohete cruzará hasta depositarnos sobre ella.
«Viaje a la luna con una tiza azul y una tiza
    roja».
Básicos de bolsillo: por si un nombre propio
    que se olvida como el agua o por si el agua en
    el desierto sosteniéndose en la mano,
una raíz cuadrada
o la Santa Compaña.
Necesitará usted la salvación de los malos
    espíritus
que no son exactamente malos. Sólo hacen su
    deber. Como el que espanta a los borrachos o
    el que sopla el azúcar que sobra de los dulces
    blancos.

El único ojo que mira
a todos los ojos que la miran.

Cánticos a la luna prendida como cinta en el
    rostro. Consumidora de sushi. Chincheta de
    plata. Hija de dioses. Ay, los peces de agua.

Agarre la fe que viene doblada en un papel
blanco. Gracias por su visita.
Viajaremos cometiendo vandalismo sano sobre
un muro de piedra cubierto de plástico.
Y sobre el muro de piedra el muro que subía. Y
un gusano que buscaba exactamente lo
mismo.

El único ojo que mira
a todos los ojos que la miran.
Cánticos a la luna cosa cursi prendida
fuertemente. Chincheta de plata. Hija de
dioses. No come fruta. No ve la televisión.
Nunca conoció a los reyes magos. Ni a los
enfermos. Ni a los que pintan su rostro en la
arena. Peces de agua.
No conoció a Lorca.
Ni el amor medieval.
No sigue una dieta estricta y redonda.
Es la que tú ves y es la que veo yo y que no
nos mira.

Permítase el vandalismo callejero porque no
está aceptado pintar sobre un muro de piedra
cubierto de plástico.

No conoció a Lorca.
Ni el amor medieval.
Tampoco a los que la miran e imaginan las
posibilidades.

Cánticos a la luna y a todo su ornato de plata.
   Robado objeto precioso. Hija de dioses. Amor
   blanco. Peces de agua. Y que no es la misma.

Tampoco son los mismos
los ojos que la miran.

Todas las posibles salvaciones el amor medieval
   la santa compaña un pájaro rojo Mary
   Poppins los lunáticos lord Byron taza de
   Hornimans y el pensamiento zumbido
   pequeño en esa luna que
no es la misma.

Pero tampoco son los mismos
los ojos que la miran.

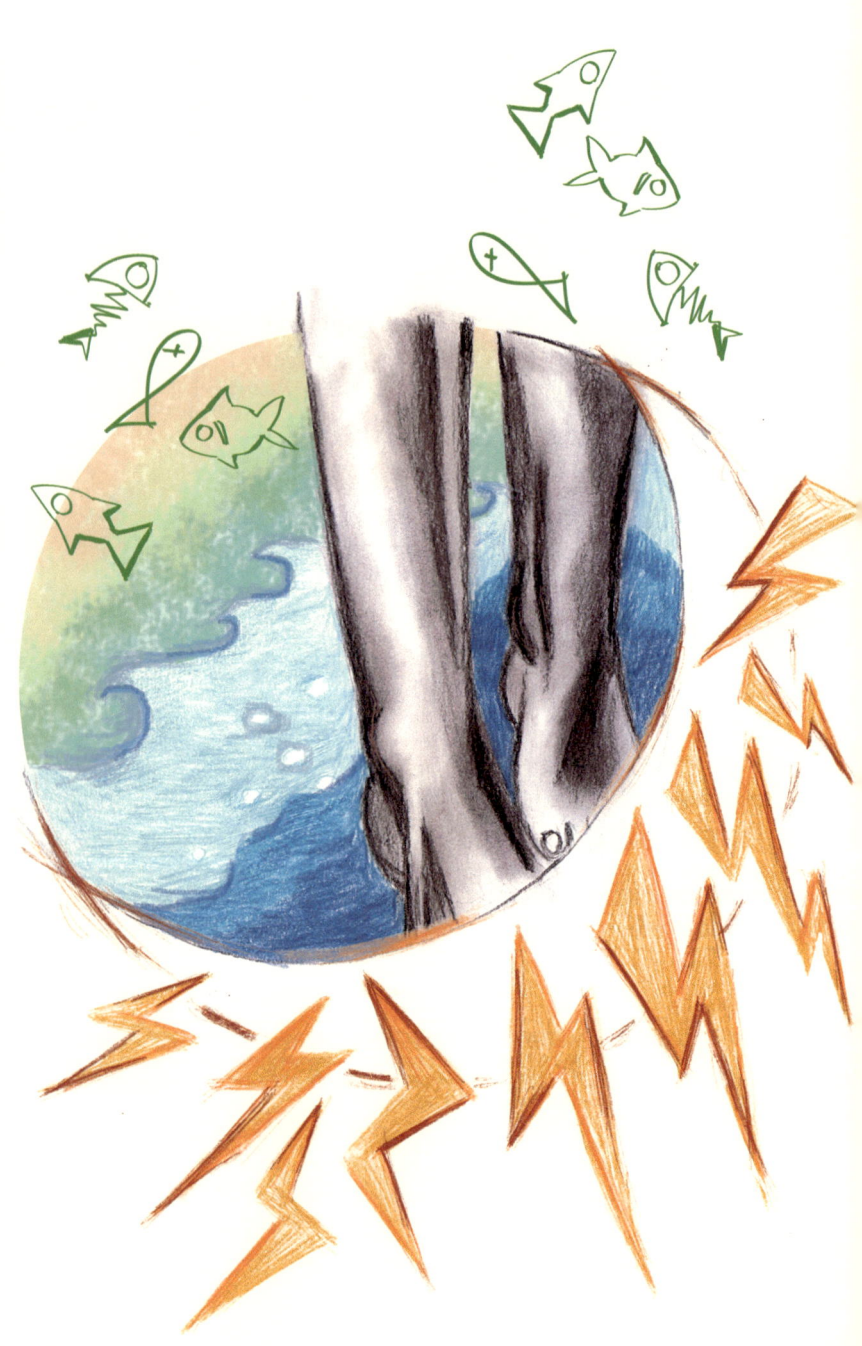

# III

# CUANDO EL CABELLO ROZÓ LAS ESTRELLAS

A Faetón, por el que *la Luna se admira,*
*y abrasadas las nubes humean*
Ovidio

## HIC SUNT DRACONES

Necesitan los hombres que se formen los mares
   por donde ellos caminan. Porque el papel
   garantiza permanencia. Y así en los pies se
   van uniendo los huecos que determinan el
   lugar seguro.

Comienza el dedo que tuerce el punto que
   oculta la escama. Única y brillante pureza que
   indica que una vez aquí todo esto era algo
   como plata y joyas en el cuello del bronce
o como plata y joyas en la barriga de la arena.

Necesitan los hombres que se formen los mares
   por donde ellos caminan
que ya no la tierra:
aquí hay dragones.
El papel parece seguro. Garantiza la
   permanencia.

Llevan la mano al vientre y plata y joyas en la
   barriga de la arena. No recordamos cuándo
   fue la última vez que vimos el milagro.
Aquí hay dragones.

Simposio imposible de latas de aceitunas y
   cócteles fríos. Donde se reúnen las cosas no
   escritas. El invierno en las manos es una
   verdad encadenada. Exactamente igual que el
que no quiere ser visto.

Andrómeda llevaba plata en el cuello y en los
pies todas las joyas.
Jugaba al tetris y reía fuerte porque era posible
que aquí ya no hubiera dragones sino el mapa
envolviendo un bocadillo de sardinas o
el mapa envolviendo una nutria o el mapa
envolviendo el camino recto.

Pero cómo se cubre el camino y se vuelve
pequeño y se sostiene en el papel seguro de
plata y papel de joyas y se lleva colgado del
cuello.
Colgado del cuello.
Péndulo de Andrómeda desertora jugando al
tetris.
Las aves huyen y dejan el rastro de lo que no
será recordado. Igual que la hendidura de una
cabeza en el suelo. O la muela que muerde la
tierra.
No será la prometida.
Necesitan los hombres que se formen los mares
por donde ellos caminan. El papel garantiza la
permanencia.
Aquí hay dragones pero nosotros sabemos
que eso no es cierto.
Que eso no es cierto.

El mapa sorpresa y el mapa incierto se abren
como una flor ante la llama.
No recuerdo la última vez que vimos el milagro.

Necesitan los hombres que se formen los mares
por donde ellos caminan. Porque el papel
parece seguro.

Aquí hay dragones
que ya no la tierra.
Exactamente igual que el que no quiere ser
visto.

## GALAXY SONG

*dime el nombre de quien bautiza*
*el encanto de una estrella*
*que no tiene ojos*

## BABY

Uñas en la noche negra
noche negra
de diamantes y de escayola y de vidrio,
coronita de un dedo puntiagudo como dioses de
    otros tiempos:
acusación falsa sobre la mesa de los postres.

Dedito curioso que abre la grieta y se pregunta:
¿qué habrá dentro en el calor de plomo,
calor de bocas abiertas frente a una ventana,
calor de flechas atravesando un tronco y
    atravesando los ojos que no se cierran?

Te prometo que tras la grieta la historia
    cambiará para siempre culpa de uña pinza que
    no tenía nada que hacer a las seis de la
    mañana de un domingo de esos que caben en
    un vasito,
insignificancia de lo que va a ser. Céntimos en
    el plato de la propina y servilleta en el
    bolsillo.
Dedito despierto que abre la grieta.

Noche negra noche negra.

¿Qué habrá dentro del calor de un ojo flecha
    que cabe en un vasito?
Debajo de la grieta
(la historia cambia)

caballos desbocados a galope sobre la cama
  fría.
Caballos.
Caballos.
Galope de montañas que rompe los puentes y
  abre el agua en trocitos.
Galope de caballos.

Noche negra de uñas abiertas.
Noche negra noche negra.

Y el dedito curioso y aburrido a las seis de
  mañana rasgó la grieta que estaba en el lugar
  del cuerpo tendido.
Siempre el pecho.
No será aquí distinto.
Caballos desbocados abrieron los huecos y los
  lugares a los que ya no se permite volver
(la historia cambia)
Unas palabras salieron de la grieta que
  perseguían a los caballos pidiendo auxilio.
Despertó el galope de caballos desbocados en la
  noche negra llena de uñas
llena de uñas:

*Noche negra noche negra.*
Escuché que tu plegaria parecía el lamento de
  Séneca bajo una piedra blanca.

## CORIFEO

*El espacio como un romance antiguo.*
*Con la noche dentro.*
*Con la noche dentro.*

# CONSTELACIÓN UNO

Un hueco busca el punki con mirada de hielo y
   cresta azul.
Todos los que crecimos con el anuncio de
   Estrellitas fuimos una vez la causa de un
   engaño y de azúcar de oro.

El lugar donde sembrar el sueño que sale de las
   raíces
y se columpia sobre sus propias manos.

Quizá eso busca el niño con mirada de hielo,
que se equilibra dentro del espacio. Monopatín
   de plata.
Spray de purpurina y muchas prisas. Es el
   problema de ser
el chico más peligroso del espacio:
que vienen a por ti culebras y castigos de
   piernas verdes. De los que atacan los sábados
   a los que no tienen nada que hacer. Solamente
   observar al punki del espacio y mirada de
   hielo
que lleva una visera radioactiva.

Que bebe rayos.
Monopatín de plata.
Spray de purpurina.

Ay, pobre punki que marca el cielo con los
   pasos de quien vio el anuncio de Estrellitas.

Cereales de trigo o de oro. Poderes
extraordinarios. Y la mentira.
Entrarán perlas en los ojos
es imposible que sus grafitis no prometan la
 deuda:
–Por qué no caen encima como el frío del portal
 de Belén en el caminito o como uñas mágicas
 o las joyas de una reina de nácar que se
 asombra ante sus propias manos.

Y  así, callados,
miramos hacia arriba.
Y le miramos a él.

El chico más peligroso.
Que pinta la noche con spray de plata.

Monopatín. Visera radioactiva. Entrarán perlas
 en los ojos que él considera su propia firma.
El chico más peligroso de mirada de hielo.
Que busca un hueco en el espacio.

## ORIÓN EL VIEJO EN CIELO
## ESPAÑOL

Con una pistola en la frente le rogaron:
que se fuera
con una pistola en la frente.

La mano de Dios cinturón de plata.

Como ocurre cuando va a suceder algo malo.

Corrió como pudo hasta lo más alto del castillo.
    Bar. Primera parada. Tortilla con pimientos.
    Coca-Cola bien fría. Propina.
No se dejan huellas cuando se trata de la huida
    y eso todos lo sabemos.
Buscó en la guía Repsol lugares alejados de su
    propia mano,
la mano de Dios,
que fue Orión el viejo,
encontró el Castillo de Zafra
y un chico que se dijo en voz tan baja que yo no
    diré que lo supe:
duda en la boca y duda en el ojo.

Orión el viejo oculto en el castillo de Zafra.
    Tres pastores y una serpiente blanca que dejó
    sus escamas sobre la tierra.
Alguien estuvo allí.
Sagrada Biblia protectora y una lata pequeña de
    anchoas. Óxido y polvo.

Orión no lo sabía.
Prendido cinturón de plata en el espacio
y él con nada que llevarse a los ojos:
caía la noche y las cosas se ponen feas dentro
    de los sueños.

Orión no lo sabía.
Pero la mano de Dios y las palabras que movían
    el mundo
con el sonido del cohete que estalla.
Los exploradores bebés buscaron sus restos.
Tachuelas de la cintura de tío duro. Pasos y
    manos levantadas probando si
realmente:
cinturón de plata más bonito del mundo.
Con todas las estrellas dentro pero encima
    del castillo de Zafra y encima del óxido y del
    polvo.

Caía la noche fuerte como una losa de viento.

Orión no lo sabía:
sagrada Biblia protectora la huida el pueblo
    abandonado
que es el mejor escondite
cuando no se es culpable.
Ojos cerrados.
El chico duda en la boca y el instante cuando
    piensas
que va a pasar algo malo.

Orión o mano de Dios,
corriendo hacia la noche y la rabia de estrellas
   que no yo no llamo estrellas porque eso es
   muy cursi.
La policía persiguiendo con sus luces
encendidas y escamas de serpiente.

Y allí arriba prendidos los testigos
y la noche fiera que caía.
y la noche que caía.
y que caía.

# OTRO TIPO DE DESIERTO ESTELAR

Agua púrpura circula por los pies que tiemblan.
Conservará para siempre el color de un
   Pokémon.

Alguien dispara al sol con la saña
de quien desea fuertemente fuertemente
   la noche
y que caiga
con todo su poder de ojos cerrados.
Y el agua que lamía los peces de plata
y el agua que agitaba los refrescos en los vasos
y el agua de las lavanderas del portal más
   famoso
sufre la conversión de Ovidio más nefasta:
porque alguien dispara al sol con la saña
de quien desea fuertemente fuertemente
   la noche
y se llamará sangre a lo que inunde las piedras.

Conservará para siempre el color de un
   Pokémon.

El fuego llega a la ropa pero no te preocupes
porque todo esto ocurre lejos muy lejos.

Alguien dispara al sol con la saña
de quien desea fuertemente fuertemente
   la noche.

# SANTA BÁRBARA BENDITA

Apocalipsis circular de las trompetas.
Último grito del mundo, entendedlo. El
   importante. El del color del oro, con espinas
   en los ojos, con núcleos fosforitos.
Un grito de peces. Un grito de escamas. Un
   grito de cuchillos en la garganta que era
   donde residía el último grito.

Lleno de estrellas de oro.
Lleno de agujas de oro.
Y dentro de la boca. Luego vinieron los clavos.
   Luego el trueno y Santa Bárbara. Que se
   movía como un zapato que resbala. Y los
   escorpiones. *Qué fiesta en el cielo,*
*que es mi casa.*
Santa Bárbara que desfilaba sobre el grito y
   entraba en la corriente de atravesados
   fonemas, canciones de agujas, migas de pan.

Luego vino el hombre del saco. Metro noventa.
   Puntas de pies estiradas. El pensamiento
   de un estúpido que le dijo que no existen las
   puntas de pies. El hombre del saco que se lo
   comió con las manos.
En la garganta estaba el grito. O puede que más
   lejos.
Y estaba el hombre del saco que buscaba la
   garganta. Podría ser la vuestra, entendedlo.

Todos compartiendo la misma garganta y el
mismo último grito apocalíptico.
Estaba la sed dentro del grito y dentro del puño.
Se agarra como quien maneja un martillo y
golpea una piedra o golpea algo tan blando
que le provoca náuseas de inmortalidad de
aguja:

con poca delicadeza.

Y las estrellas de oro
y la aguja de oro
que tenía la consistencia de la última tierra,
minerales azules ginebra cálida.

Trompetas.

El despertar de Santa Bárbara dormida sobre un
planeta pequeño como los cuentos tranquilos.
*Qué fiesta en el cielo*
*que es mi casa.*
Traperos de pelo rapado y ojos pequeños como
canicas dentro de plastilina.
Vaso de zumo de frutas en la mesa para que el
olor dulce atraiga.

Apocalipsis y trompetas
que llegaban a la noche
y las estrellas de oro
y la aguja de oro
que tenía la consistencia de la última tierra,

alguien que rezaba a Santa Bárbara por todo el
   ruido que caía como quien maneja un martillo
   y golpea una piedra o golpea algo tan blando:
con poca delicadeza.

# LEXICOGRAFÍA COSMOGÓNICA

**Breve diccionario de términos para comprender el viaje en este libro. Y, además, para que las palabras no se pierdan en caso de que extraviemos las realidades que designan:**

**Jack Torrance**: protagonista de *El Resplandor*, novela de Stephen King que luego se volvió película por esa magia que tienen todas las películas de fijarse en los libros. Jack enloquece en su propio universo blanco.

**Brasilia Club Pontedeume**: pequeño local que parece abandonado. Paso por delante siempre de camino a casa (Ferrol). Si te asomas, el mundo está detenido en una barra de bar con grifos de cerveza y pequeñas mesitas. Para hacerse una idea, véase el hotel de Jack Torrance.

**Planetario**: el de A Coruña.

***Special Stellar:*** laca de uñas de Kiko Milano con efecto iridiscente.

**Cumbres de Gredos:** vino *barateiro* de cartón, típico para botellones en el Orzán.

***Barateiro:*** económico.

**Calipo**: refrescante helado de hielo con forma de cetro de rey. Tienes calipo limón, fresa y lima. Probablemente haya más y el futuro nos regale otros sabores. Aquí se ofrece un espacio para escribir el sabor desde donde nos lees ahora _____

**Tosta Rica:** galletas rectangulares donde se traslada el reflejo de muchas generaciones y sus cambios a través de los dibujos estampados en ellas. Desde Pokémon hasta Minios. Quizá, dulce documento cultural.

**Pandora:** marca de joyas. Nombre que entiendo alude a la caja de Pandora la primera. Probablemente, caja de incrustadas joyas.

**Power Rangers:** equipo de cinco luchadores de estilo ninja de diferentes nacionalidades cuyas aventuras retransmitían en la televisión a principios de los noventa. Para más señas, yo era la amarilla y mi hermano, el rojo. Se disfrutaban en la tele cuando la tele la formaban tan sólo cinco cadenas, la primera, la segunda, antena 3, Telecinco y la Tvg. Ah, y siempre, siempre, vencían.

**Emma**: Pedreira.

**Gadis**: cadena de supermercados de Galicia, que es mi favorito. Buen producto y no sólo marca blanca, según mi madre. Mejor que el Mercadona. Graba anuncios de esos en los que se te cae la lagrimita observando los paisajes patrios tanto de costa como de interior bajo el lema « vivamos como galegos».

**Edebé**: editorial de libros de texto que partían los cuerpos por la mitad para explicar la reproducción humana en *Coñecemento do medio*. Creo que todos de pequeños intentábamos discernir los genitales entre tanto órgano de colores. También explicaba el ciclo de la vida través de una imagen muy triste muy triste de un pájaro muerto y una serie de elementos que acababan en el gusano.

**Castafiore:** famosa soprano que alcanza su punto álgido en el cómic *Tintín*, debido al robo de sus joyas que denuncia al detective.

**Trol de la buena suerte**: trasgos pequeños de pelo en punta y levantado de diversos colores. En el ombligo guardaban una piedra que aparentaba una joya. La versión más barata presentaba troles con joyas en los ojos. Fueron juguetes de molómetro bastante alto durante un breve periodo de tiempo.

**Gameboy:** consola portátil, tamaño rectangular. Ahí cabían todo tipo de videojuegos en pantalla verde que luego evolucionó a color. Se transportaba inicialmente en el bolsillo de un pantalón vaquero. Luego se hizo más pequeña. Podías meterle pokémons y puntuaciones de todo tipo y sentarte en un banquito a jugar mientras el mundo continuaba. *Nota aparte*: nunca me interesaron lo más mínimo. A mi hermano, sí.

**San Andrés de Teixido**: vai de morto o que non vai de vivo.

**Polly Pocket:** diminuta muñeca con la que jugábamos en los 90 que ahora creció y ocupa la mitad de un dedo, perdiendo todo su mini encanto.

**Cronopio**: bendición de Cortázar.

**Eric Idle**: miembro de los Monty Python, el que pone la voz melódica a las canciones como *Galaxy song* o bien *The bright side of life*.

**Rainbow Brite**: en gallego, como la veía yo, *Arco da vella*. Dibujos animados de pequeños seres que vivían en un mundo sin adultos y que poseían pequeñas mascotas que hablaban con ellos. Todo giraba en torno al *arco da vella* (arcoíris).

**Hornimans:** marca de infusiones.

**Tetris:** juego de ordenador o de videoconsola que consiste en encajar piezas diversas en sus huecos exactos. Como las estrellas.

**Galaxy song:** filosofía de los Monty Python, interpretada por Eric Idle y compuesta por su grupo.

**Estrellitas**: cereales dulces con forma de estrella pequeña anunciados con un perro astronauta. Lamentablemente, una de mis primeras desilusiones de niña. Cuando me los compró mi madre, observé que ningún can volador me llevaba a conocer el cielo.

**Guía Repsol:** el antiguo gps de hoy, formado a partir de páginas anilladas y que cualquier copiloto llevaba en su regazo para indicar instrucciones.

**Pokémon:** animales fantásticos con distintas virtudes y destrezas que se coleccionan en una *pokeball* y que pueden luchar entre ellos cuando el dueño lo ordene. Son la alternativa a una mascota real, dispara violencia de purpurina y no come mucho y es virtual. Vinieron tras los tamagotchis.

**Tamagotchi**: se hace práctica una definición tras haberlos mentado anteriormente. Los tamagotchis primero fueron un regalo de mi padre que vino de un congreso con dos distintos, uno rosa y otro amarillo. Yo pensé que eran llaveros, hablamos del año 1997. Luego, nos enteramos de que era un juguete de lo más puntero y que alcanzó su apogeo tan sólo unas semanas después de que mi padre nos lo regalara. *Nota aparte*: un beso, papá. Me regalabas etimologías y juguetes del asombro.

# ES DE BIEN NACIDOS
## SER AGRADECIDOS

«En primer lugar existió el caos» afirma Hesíodo en su *Teogonía* cuando probó, ayudado por las nueve musas, las que guardan la memoria, a ordenar la creación del universo allá por los siglos aproximadamente VIII-VII a. C. Y Gustave Moreau lo unió a una musa bajo una misma estrella.

Siempre que leo agradecimientos en un libro pienso que en el próximo añadiré también una hojita con esas gracias que se esconden detrás de las páginas de todo libro que ha sido leído, apoyado y, finalmente, lanzado al mundo como esa misma estrella.

*Caos* comparte la misma raíz que la palabra que significa «vacío» en griego. Al principio del universo todo era vacío listo para cubrirse y colmarse. No puedo dejar de pensar en la relación entre el origen del mundo y el origen de toda obra, sea cual sea (del bloque de mármol, la escultura; de los folios, el libro, etc.), el origen de todo ser humano, el origen hasta de cualquier pastel de cerezas después del plato Duralex. Al principio todo es vacío dispuesto a colmarse.

Quiero agradecerles a Andrea y a Patricia su confianza. Además, de Andrea fue la idea de divertirme agregando como anexo esta lexicografía de troles y rincones de Galicia.

Agradezco a Jaime y a su familia que me mostraran el cielo de Castellar de la Muela, para mí, territorio desconocido. Y sí, es por esta zona donde las tumbas de los héroes y dioses más se manifiestan y levantan sus vestidos. Por esa zona y por Lira (Muros), sobre todo en verano. Supongo que con el calor los héroes tienen más ganas de escapar de sus féretros y lucir las estrellas que los cubren.

En el transcurso de este libro, jugué con los alumnos a crear cosmogonías en clase. Ellos diseñaron las suyas propias, en formato bolsillo para poder ser consultadas en cualquier lugar, para que, cuando la congoja y la duda se presenten, ellos puedan vencerlas echando un vistazo al porqué de las cosas.

Agradezco a los Monty Python su canción, *Galaxy song*, que no deja de ser una explicación melódica de todo lo que nos rodea. Y a la que os invito a agarraros. A ellos y, por supuesto, a Ovidio.

No puedo olvidarme de añadir que, igualmente, en el transcurso del proceso de este libro sucedieron cosas como el descubrimiento, en un yacimiento arqueológico, de fragmentos de una obra perdida de Eurípides que envolvía el cadáver de un bebé. No puede estar más claro ni ser más bello el hecho de que los padres grecolatinos, desde muy lejos, nos siguen hablando.

# ÍNDICE

Prólogo..................................................................7
Los clavos de Ovidio miran las estrellas......................11
El ojo finge lo que no ha visto.....................................13

**I. Hacia la noche**

Cuando murieron todos los dioses y los mortales que se
acostaron con los dioses y(....).....................................19
Una teoría del cosmos.................................................20
Corifeo......................................................................22
Cohete y el disparo en lo oscuro....................................23
Génesis *made in Spain*................................................26
Pequeño Hombre pequeño.............................................28
La costilla de Pontedeume.............................................31
Corifeo......................................................................34
En el nombre del agua..................................................35
Registro de las cosas importantes...................................37
Canción de amor a tu cara en la noche cursi.................40

**II. Los clavos de Ovidio miran las estrellas**

Compostela.................................................................45
Metamorfosis...............................................................47
San Xurxo resucitado....................................................49
Escila........................................................................51
Trece años de vergüenza...............................................54
*Domine deus*..............................................................56
Escala musical.............................................................58
Allá donde van a parar los malos....................................59
Corifeo......................................................................62
El otro lado de *Rainbow Brite*......................................63
Luna roja sobre cielo estrellado.....................................65

### III. Cuando el cabello rozó las estrellas

*Hic sunt dracones*..........................................71
*Galaxy song.*.................................................74
*Baby*............................................................75
Corifeo...........................................................77
Constelación uno..........................................78
Orión el viejo en cielo español...................80
Otro tipo de desierto estelar......................83
Santa Bárbara bendita..................................84

**Lexicografía cosmogónica**........................89
Es de bien nacidos ser agradecidos.............95

## Nota de la editora

Esta obra ha sido financiada gracias a los ingresos obtenidos por la venta de los títulos editados por Piezas Azules hasta ahora, muchas gracias a los autores de los mismos:

*Ropa tendida (ocho coladas),* de Patricia Lodín
*Ansiógeno*, de Jesús Alonso García
*Primer Párrafo*, de Paloma Mozo Sanjuán
*Donde planean los pájaros*, de Mara Carver
*El papel de un cromo*, de Marian Peyró
*Intentar la casa,* de Andrea López Montero
*Música y leyenda*, de Javier Lodín
*Podía haber sido de otro modo*, de Irene Torres Redecilla
*Días de Reykjavík*, de Ernesto Diéguez Casal
*Tiempo de frutos*, de Ramiro Gairín
*Estratos*, de Mariano Peyrou y Mar Lozano
*Nunca esta lengua*, de Virginia Saji
*Herbario de amores dulces*, VVAA
*Palpar la luz*, de Ana Casado
*Las claves del Vuelo 605*, de Javier Lodín
*Mosaico de barr(i)o movedizo,* de Salomé Ballestero
*El pulso herido*, de Daniel Herrera
*El miedo tranquilo*, de Mariano Peyrou y Mar Lozano
*La Sal*, de Jimena Cid y Ana Cid
*Caleidoscópica*, de María José Beltrán
*La dulzura del ornitorrinco*, de Andrea López Montero
*Modelo de escritura 354*, de Álvaro Bueno Sácz
*Refrán de amor,* de Sofía Martín Jiménez
*Un silencio blanco*, de Olga Azabal D.
*Las lindes*, de Mónica Sánchez

Alicia lleva a sus espaldas muchos libros: es una autora prolija a la que sospechamos y seguro acertamos hiperactiva y sus poemas responden a esa manera nueva y expansiva de mirar. Poemas cosidos a versículos que no pierden el ritmo poético y que nos llevan de una referencia clásica a otra generacional, como un museo donde coincidiese expuesto lo mirado y quien mira.

Por eso ha sido especialmente divertido pedirle que hiciese las ilustraciones y el léxico final, imaginando en esta posibilidad que tiene la literatura y que la actualidad nos evita, este libro leído dentro de ochenta años, con sus fósiles generacionales y los referentes pop sin señalar con la cursiva, tan normal el Power Ranger como la harina en la cosmogonía que propone.

En esta ocasión el baile es con Ovidio y tiene sabor de sal y mar, que nos cede, gallega viviendo en Madrid, lleno de colores y escenas, lleno de nuevas formas de decir, como u*n castigo de piernas verdes* en *un domingo de esos que caben en un vasito*. Desde luego, el vacío que nombra queda aquí colmado de objetos y repeticiones que conforman un mundo propio, que crece libro a libro, que funciona como un vehículo entre lo que fuimos y lo que somos y nos devuelve, románticos y románicos, reapropiados de herencia y actualidad. Y lo hace con versos que son axiomas, con enseñanzas puras, *en la garganta estaba el grito; no se dejan huellas cuando se trata de la huida/ y eso todos lo sabemos.*

Dulce y cortante es este poemario. Divertido y vivo es este poemario. Nutre.

Es este un libro para subrayar y releer, tan llenito que a cada poema le salen varios poemas dentro. Poemas que nos piden la atención, entendedlo, que nos incluyen, que nos demandan como lectores en el diálogo. Gracias Alicia, por la confianza y por dejarnos mirar, con atención y purpurina, estas estrellas.

Gracias a ti, lectora, y bienvenida a esta observación celeste.

Andrea López Montero, marzo de 2025.

Este libro de peces, astros, sardinas, agua y constelaciones se acaba de imprimir en mayo, un mes lleno de vuelos y llegadas lunáticas, convulso en nacimientos y muertes y muy dado a batallar. En este mayo, se imprime la batalla de orbitar a Ovidio comiendo galletas Tostarica con el café.